JOSEPH HAYDN
Twelve String Quartets
Opp. 55, 64 and 71, Complete

Edited by Wilhelm Altmann

Dover Publications, Inc.
New York

This Dover edition, first published in 1980, is an unabridged
republication of twelve separate quartet volumes (Op. 55, Nos. 1–3;
Op. 64, Nos. 1–6; and Op. 71, Nos. 1–3) as published by Ernst Eulenburg Ltd., London (n.d.; publication numbers 96, 190, 143, 144, 109,
65, 91, 55, 92, 110, 145 and 148, respectively, of the Edition Eulenburg,
or Eulenburg Miniature Scores).

International Standard Book Number: 0-486-23933-0
Library of Congress Catalog Card Number: 79-55843

Manufactured in the United States of America
Dover Publications, Inc.
180 Varick Street
New York, N.Y. 10014

CONTENTS

OPUS 71

(First set of "Apponyi Quartets," dedicated to Count Apponyi, composed 1793)

Op. 55, No. 1, in A Major

I

Op. 55, No. 1   9

II

Adagio cantabile

Op. 55, No. 1   15

III

Menuetto

Op. 55, No. 1   17

IV

Finale. Vivace

Op. 55, No. 2, in F Minor and Major ("Razor")

I

II

Allegro

III

Menuetto
Allegretto

Trio

M. D. C.

IV

Finale
Presto

scen - -do

scen - -do

scen - -do

scen - -do

Op. 55, No. 3, in B-flat Major

I

II

Adagio ma non troppo ♪ = 76

III

Menuetto ♩. = 63

Menuetto D.C. al Fine

IV

Finale Presto ♩.=80

Op. 64, No. 1, in C Major

I

II

Menuetto
Allegretto ma non troppo ♩.=66

Menuetto D.C.

III

Allegretto scherzando ♩= 69

IV

Finale
Presto

Op. 64, No. 2, in B Minor

I

Allegro spirituoso ♩=100

II

Adagio ma non troppo ♩= 80

III

Menuetto
Allegretto ♩= 72

IV

Finale
Presto ♩=116

Op. 64, No. 3, in B-flat Major

I.

II.

Adagio

III.

Menuetto
Allegretto

Menuetto D.C.

IV.

Finale
Allegro con spirito

Op. 64, No. 4, in G Major

I.

II.

Menuetto
Allegretto

Trio

III.

Adagio
Cantabile sostenuto

IV.

Finale
Presto

Op. 64, No. 5, in D Major
("The Lark"; "Hornpipe")

I

II

Adagio cantabile

III

Menuetto. Allegretto

Trio

M. D. C.

IV

Finale. Vivace

Op. 64, No. 6, in E-flat Major

I

Op. 64, No. 6   189

II

Andante

III

Menuetto. Allegretto

IV

Finale. Presto

Op. 71, No. 1, in B-flat Major

I

II

III

Menuetto

Allegretto $\quad$ ♩. = 69

Menuetto D.C.

IV

Op. 71, No. 2, in D Major

I

II

Adagio cantabile ♪=76

III

Menuetto D.C.

Finale
Allegretto ♩. = 76

IV

Op. 71, No. 3, in E-flat Major

I

II

Andante con moto ♩=63

Op. 71, No. 3

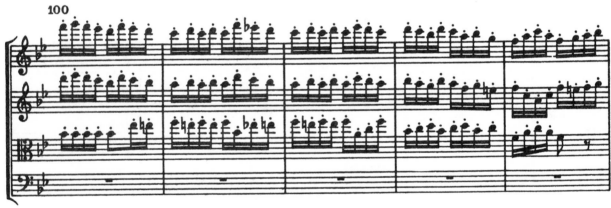

III

Menuetto ♩.=69

Menuetto D.C.

IV

FINALE. Vivace ♩. = 84